PHANTASMES

Aphrodite En Do Majeur

PHANTASMES : *Aphrodite En Do Majeur*
Bito David

Collection Perledesantilles
www.bitodavid.com

ISBN-13: 978-1463786038
ISBN-10: 1463786034

Copyright 2011
Tous droits de reproduction réservés

Graphique de Couverture et Dessins : Bito David
Arrangement : Bito David & Kiskeya Publishing Co.

Juillet 2011
bitodavid@gmail.com

Ce livre m'est dédié spécialement
Avec les amitiés
Et les pensées
De l'auteur cordialement

Nom : _____

Date d'acquisition : _____

*Les phantasmes sont les chants du bonheur
L'expression des anagogies du cœur
Dans les émotions et les pulsions qu'ils provoquent
Et les sentiments parfois équivoques*

*De purs phantasmes érotiques
Des amours fantastiques
Et des lignes d'expressions sublimes
De ces emportements profondément intimes*

DÉDICACE

Un hommage à l'amour
Et aux amoureux de toujours
Aux constellations de l'euphorie érotique
Des éclairs et extases fantastiques

Aux cœurs heureux qui dans leur béatitude
Goûtent la luxure de la vie dans sa plénitude
Une touche un écrit une pensée un regard
L'expression du bonheur romantique sans fard

PHANTASMES : *Aphrodite En Do Majeur*

Ces phantasmes sont les chants du bonheur. L'expression des anagogies du cœur dans les émotions et les pulsions qu'elles provoquent et les sentiments parfois équivoques. Ce sont les phantasmes érotiques des amours fantastiques et les lignes d'expressions sublimes de ces emportements profondément intimes mais qui sont communs à nous tous humains.

Des hymnes à l'amour
Et aux amoureux de toujours
Aux constellations de l'euphorie érotique
Des éclairs et extases fantastiques

Aux cœurs heureux qui dans leur béatitude
Goutent la luxure de la vie dans sa plénitude
Une touche un écrit une pensée un regard
L'expression du bonheur romantique sans fard

BITO DAVID

CONTENU

DÉDICACE

DE L'AUTEUR ET DE SON ŒUVRE   9

PROLOGUE : Une prose pour mes textes en vers   11

Veux-Tu Danser Avec Moi	15
Maladie D'amour	16
La Plus Douce La Plus Sensuelle	17
L'hésitante	18
Caprices De Femmes	19
Viens Dans Ma Cahute	21
Te Souviens-Tu De La Rose	23
Les Amours Eternelles	25
Les Pleurs Des Fleurs	27
Rêves Et Visions Sensuelles	30
Femme D'amour	31
Parle-Moi Touche-Moi	33
Elle Est Si Belle	34
À Une Amie Malade	36
Pour Toi J'écrirai Un Poème	37
Essence Bonheur Et Sens	38
Les Sons Du Silence	40
Qu'est-Ce Qu'un Poète	43
Femmes Soleil De Nos Vies	45
J'ai Fait Un Choix Dans Ma Vie	47
Une Rose D'amour	48
Il Y A Des Sentiments Fous	51
Mes Vers Et Mes Mots A L'Envers	53
Les Extases Du Plaisir	55
Le Cœur Et La Raison	56

PHANTASMES : *Aphrodite en Do Majeur*

Pour La Fête D'une Adorée	58
Emmène-Moi Dans Ton Paradis	59
Les Elégantes Pucelles	61
Les Amours De Campagne	62
Le Son Des Souvenirs	63
Le Printemps Des Sentiments	66
L'été Et Les Chaleurs Du Cœur	67
L'automne Des Amours Mortes	68
L'hiver Des Froides Emotions	69
Tu Es Une Perle	70
Aveu D'un Poète	73
Les Trésors Du Temps	75
Les Roses De Chair	76
Un Triangle D'Or	77
Plus Belle Avec Le Temps	79
Que Ne Dit Ton Cœur	82
Tes Yeux Qui Me Lisent A Minuit	84
Je Cherche Ta Féminité	85
Quand Elle S'habille	86
Bohémienne	87
Et Le Songe Fleurit	90
La Belle Au Bois Mourant	92
La Dernière Valse	94
Tu Es Mon Péché	96
Les Amours De Minuit	97
Ton Souvenir Dans Mon Esprit	100
Aphrodite En Do Majeur	102
Les Milles Amours	104
Le Poète Dans Ses Créations	108
Phantasmes Érotiques	110

ÉPILOGUE : Une pause pour mes phantasmes pervers   112

BITO DAVID

DE L'AUTEUR ET DE SON ŒUVRE

En symbiose à l'expression prosaïque
J'ai une folle manie poétique
D'aborder les sujets philosophiques
Et aussi très souvent ceux de la politique

Mon esprit que je contrains à être critique
Cherche toujours une approche méthodique
Pour articuler une perspective stratégique
Dans l'analyse des grands dilemmes fatidiques

Mais souvent je cède aux tentations érotiques
Mon art prend alors un aspect plus lyrique
Je me verse d'une façon prolifique
À chanter le bonheur des extases romantiques

Les grands défis dans notre vie publique
Donnent à notre intellect un challenge unique
Pour concilier les émotions impudiques
Aux théories politiques et philosophiques

PHANTASMES : *Aphrodite en Do Majeur*

Mais la vie semble être un creuset énigmatique
Ou tout se fond dans un syncrétisme classique
Alors la poésie la philosophie et la politique
Deviennent tous des sujets pratiques et identiques

Donc j'écris de la poésie patriotique
HAÏTIMANYA en situation critique
Et aussi des SPECULATIONS PHILOSOPHIQUES
Quand ce ne sont pas des PHANTASMES EROTIQUES

BITO DAVID

PROLOGUE

UNE PROSE POUR MES TEXTES EN VERS

Les phantasmes érotiques abondent le soir quand le poète dans ses inspirations silencieuses rédige pour sa dulcinée, celle qui ne voudrait pas lire ses textes et celles qui feront sa connaissance à partir de ces épanchements intimes de l'expression des émotions communes. Il fait articuler son cœur et son imagination, ses rêves et ses illusions, ses songes et ses chimères, ses visions et ses obsessions, tout ce qui l'aiguillonne, l'allume, l'anime, le transporte dans ses frénétiques envolées émotionnelles.

Il l'invite à danser avec lui, sur cette piste magnifique du temps et dans ce décor constellé des plus belles étoiles et éclairé par les lucioles virevoltantes des soirées d'été, où l'idylle de ses passions lui fait croire que sa maladie d'amour trouvera un remède qui soulagera ses souffrances. Il invite une douce et sensuelle créature à partager son logis et à y apporter la lumière de sa grâce et les douceurs de sa personne. Elle, toute hésitante dans ses caprices de femmes, vint toujours dans sa cahute pour colorer ses rêves et ses visions sensuelles. Cette chaumière est son château et elle est pour elle un palais. Ensemble ils s'engagent dans cette relation de symbiose comme celle d'une rose et d'une abeille, d'une douce brise et la surface apaisée d'un lac, de la greffe de deux plantes, d'une libellule et l'apex d'une tige, attraction naturelle entre deux

PHANTASMES : *Aphrodite en Do Majeur*

entités dont la coexistence et l'interaction embellissent le temps. Cette relation de symbiose est comme celle de l'hirondelle et du printemps qui vivent leurs amours éternelles quand les pleurs des fleurs ne sont que du miel, des gelées et de bonnes confitures.

Femme d'amour, caressante et aguichante, elle lui parle, elle lui touche et embrase tout son corps par cette flamme de désir qui lui fait perdre le bon sens à admirer sa beauté.

À cette amie malade il écrit son poème pour la souhaiter un bon rétablissement. Ses lignes poétiques sont bien ces sons du bonheur qui claironnent l'essentiel de ce qu'est un poète : un rêveur, un idéaliste, un viveur, un épicurien bon vivant qui partage la philosophie de la vie en harmonie avec les émotions qui transcendent notre raison souvent en soûlant notre esprit.

Le poète est un amant passionné de ces compagnes de la création et de l'évolution. Ce sont ces femmes, soleils de nos vies, qui animent toutes notre existence. Elles sont celles qu'il convie à le joindre dans son choix dans la vie. Il les invite à gouter du plaisir, à s'enivrer dans l'art du « savoir bien vivre », car en définitive vivre n'a pas été notre choix et nous sommes tous sous l'emprise de ces sentiments fous contre lesquels nous n'avons aucun garde-fou.

Il prend son temps pour écrire des vers et des mots à l'envers : des rimes plates, des pensées et des lignes érotiques pour décrire les extases du plaisir. Sa plume et sa muse sont ses compagnons de voyage dans le monde des sensations qui touchent le fond de l'être. Sa plume et son papier, son clavier et son écran, tous de concert l'accompagnent dans ses balades et son odyssée dans l'univers des réalités captivantes.

Il souhaite la félicité à son adorée pour sa fête. Il devient épaté devant les beautés d'une rose d'amour à peine éclose sur les sentiers des randonnées romantiques où son cœur semble perdre la raison. Les pétales de son sourire s'épanouissent avec la floraison de ce jardin de bonheur, ce jardin prospère dans le paradis de ses amours où il veut qu'elle l'emmène.

C'est sur cette toile de fond qu'il imagine ces élégantes pucelles qui trouvent leur plaisir dans des amours de campagne au milieu des champs d'ivresse et de beautés naturelles où une brise tranquille et douce joue la musique des sons des souvenirs, sons de la vie, sons de l'amour et sons des trompettes angéliques qui annoncent les saisons des passions : le printemps des sentiments, l'été et les chaleurs du cœur, l'automne des amours mortes et l'hiver des froides émotions.

Cette tendre nymphe est une perle magnifique à laquelle le poète ne peut ne pas faire un aveu. Elle est l'un des plus précieux trésors du temps aux attraits séducteurs d'un corps de charme : des roses de chair, un triangle d'or d'une anatomie exquise qui devient plus beau avec le temps. Que ne dit le cœur quand il est épris, victime de ces séductions ensorcelantes. Que ne dit le cœur foudroyé par cet éclair éblouissant ?

Ses yeux lisent les lignes du poète à minuit, heure indigne quand nous cherchons éperdument la féminité de cette déesse qui, quand elle s'habille à la bohémienne, fait

PHANTASMES : *Aphrodite en Do Majeur*

fleurir nos songes, fait tressaillir tout notre corps, fait couler nos sources.

La belle au bois mourant l'invite à son tour à danser. Elle veut gambader avec lui la dernière valse, commettre le péché dans la concupiscence des amours de minuit, laissant un souvenir dans l'esprit du poète qui l'inspire dans ses créations une chanson pour Aphrodite en do majeur célébrant la déesse de l'amour et chantant l'histoire des milles amours.

Ce sont les authentiques créations des phantasmes érotiques de notre existence dans le monde de la luxure. Ce sont les mots du poète qui expriment les émotions communes à toute la gens humaine. Le refrain de ces hymnes nous les languissons tous et toujours.

BITO DAVID

VEUX-TU DANSER AVEC MOI ?

Veux-tu un soir de printemps danser avec moi
Me tourner follement pour calmer mon émoi
Chuchotant à mes oreilles tes mots captivants
En m'entraînant dans les meilleurs décors du temps

Veux-tu contempler au plafond de notre piste
Cette voûte dessinée par le plus grand artiste
Une constellation des étoiles les plus brillantes
Reflétant les éclats de tes billes pétillantes

Veux-tu danser avec moi sur la piste du temps
Dans l'espace non limité par les contretemps
Guider mes pas sur la voie qui mène au sublime
Pour savourer de l'existence l'extase ultime

Veux-tu pas à pas me dévoiler tes secrets
Les accordant au rythme des merveilleux couplets
Me faire ta causerie sur un fond de mélodie
Qui nous entraîne vers la plus belle folie

PHANTASMES : *Aphrodite en Do Majeur*

MALADIE D'AMOUR

Par moments ayant l'âme étourdie
À moi-même profondément je dis
Quelle farce dans la vie pardi
De souffrir de l'amour la folle maladie

Quand les sens en ébullition
Détournent la raison de ses sages réactions
Notre cœur trouve toujours une justification
Pour expliquer les extrêmes de nos émotions

Quand tout notre corps vibre et frémit
Et à l'ardeur du plaisir notre voix gémit
Nous trouvons une jouissance qui raffermit
L'idée que les délices sublimes nous sont permis

Quand j'ai l'âme étourdie par cette folie
Je délecte l'extase de ma déesse jolie
Qui apaise de ma vie toute la mélancolie
Et à mon être donne une sensation accomplie

BITO DAVID

LA PLUS DOUCE LA PLUS SENSUELLE

Je te sens infiniment douce et sensuelle
Et de mes yeux tu es une précieuse prunelle
De mes pieds jusqu'aux fibres de mes cheveux
Ton intimité me fait ses secrets aveux
Flamme d'euphorie et de grande délectation
Qui me quémande la plus sublime satisfaction

Je voudrais savourer de tes lèvres la douceur
Goûter de ta peau la succulente saveur
Contempler le charme de ton sourire exotique
Et la beauté de ton corps nu magnifique

Je voudrais me fondre en toi à perdre haleine
Te laisser me commander comme une reine
Déesse idyllique qui me fait perdre la tête
Avec qui les jours sont des moments de fête
Toi qui fascines les profondeurs de mon être
Sois toujours pour moi une bonne raison d'être

Je te sens infiniment douce et sensuelle
Objet de ma fantaisie émotionnelle
Colorant mes jours de grâce et de félicité
Qui de ma jouissance assurent la continuité

PHANTASMES : *Aphrodite en Do Majeur*

L'HÉSITANTE

Elle sent les palpitations du cœur
Elle entend les appels du bonheur
Sur ce sentier où l'amour veut l'aventurer
Son âme hésite à se laisser entrainer

Elle laisse le temps lentement s'écouler
Et ses sentiments elle continue à refouler
Elle touche des sens l'offre de la félicité
Mais elle ne veut pas rentrer dans cette cité

Elle est hésitante
Son amour la tourmente
Une fois déjà elle avait pris cette décision
Et le bonheur l'a tournée en dérision

Elle entend les appels du bonheur
Contre des déceptions elle protège son cœur
À cet appel elle ne peut qu'être hésitante
Elle a connu une expérience décevante

BITO DAVID

CAPRICES DE FEMMES

Comme une tourterelle
Qui ferme les deux ailes
Refusant de laisser la brise
L'emporter par méprise
Je te vois comme cette ingénue
Timide ne voulant te mettre nue

Tu protèges ton âme
Tu contrôles ta flamme
Tu retiens ton corps
Puis-je dire que tu as tort
D'hésiter à ouvrir tes pétales
À mes désirs en escale

Tes humeurs innocentes
Et ta timidité apparente
Cachent la fièvre qui te brûle
Dont l'appel dans ton cœur accumule
Une montagne de fantaisies réprimées
Qui sur ma volonté ont toujours primées

Comme une tourterelle
Qui ouvre les deux ailes
Laisse-toi aller sans te replier
Et surtout sans te faire supplier
Au gré des vagues de nos ébats
Sans résistance et sans combats

PHANTASMES : *Aphrodite en Do Majeur*

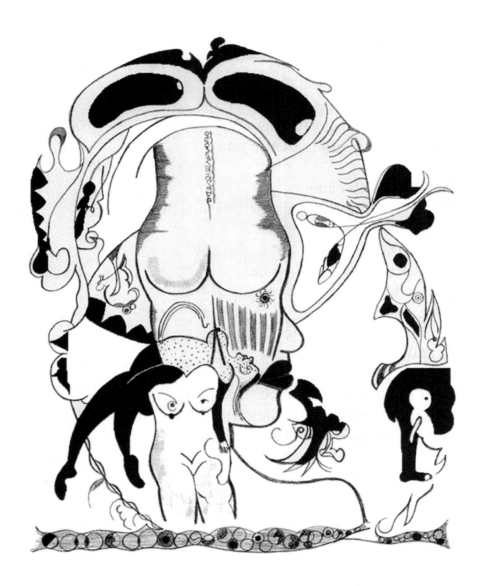

BITO DAVID

VIENS DANS MA CAHUTE

Viens dans ma cahute ma chérie
Soulager ma tendre âme endolorie
Par la souffrance et par la convoitise
Pour ton corps dont la volupté traumatise

Viens ma chérie satisfaire mon désir
Et me faire jouir de l'ultime plaisir
De connaître ta chair et ta douce intimité
Dans un ébat pour un temps illimité

Viens découvrir mon corps et explorer mon être
Viens me faire sentir ce sentiment de bien-être
Qui au corps à corps de nos relations charnelles
Me fait goûter follement les douceurs éternelles

PHANTASMES : *Aphrodite en Do Majeur*

Viens me baiser et donner ta cupidité
Et ma virilité dans ta féminité
Illuminera toutes mes sensations
Au paroxysme de tes suaves émotions

Viens dans ma cahute ma chérie
Soulager ma tendre âme endolorie
Viens changer les plaintes de mes soupirs
En exultations d'extases et de plaisirs

Viens me mettre sur le trône de ton paradis
Dans ton royaume où mon cœur est séduit
Pour toujours on protègera cette demeure
Et tu feras les délices de mes heures

BITO DAVID

TE SOUVIENS-TU DE LA ROSE

Te souviens-tu de la rose
Qui ce matin avait éclose
Ouvrant ses pétales aux baisers de l'abeille
Pour lui faire jouir de ses précieuses merveilles

Est-elle encore aussi belle et épanouie
A-t-elle toujours son éclat qui éblouit
Son lustre des plus beaux jours
Comme au temps des grandes amours

La rosée du matin a baigné ses racines
Et ramolli la plupart de ses épines
Le soleil a réchauffé ses branches
Et fait resplendir ses fleurs aux couleurs franches

Te souviens-tu de la rose
Qui ce matin avait éclose
Jouissant de la nature sa douceur
Tout en dévoilant à l'abeille son odeur

PHANTASMES : *Aphrodite en Do Majeur*

Vivra-t-elle uniquement l'espace d'un matin
Comme ces fleurs qui ont une si précoce fin
Leur communion en ce temps est infinie
Et sans elle sa ruche est démunie

Qu'elle garde ses délectables saveurs
Et la nature de ses belles couleurs
Souviens-toi toujours de cette rose
Car l'abeille la veut toujours pleine éclose

BITO DAVID

LES AMOURS ÉTERNELLES

Les amours éternelles
Comme celle du printemps et de l'hirondelle
Si elles ne suivent pas le cycle des saisons
Elles n'ont aucune permanente floraison

Il y a la période des fleurs
Qui est suivie de celle des pleurs
Le temps des séparations
Qui exulte la joie des réconciliations

Quand l'amour est monotone
Figé dans un contrat à une madone
Par des obligations il est limité
Trop restreint dans la conformité

L'amour fleurit quand il est libre
Et ses dimensions prennent un autre calibre
Quand ses ailes battent dans le vent
Et ses pieds flottent et planent bien souvent

PHANTASMES : *Aphrodite en Do Majeur*

Les amours éternelles
Dans la vie sont si belles
Elles sont dénudées des égoïstes émotions
D'ombrages et de mauvaises prémonitions

Si l'amour fait souffrir
Et n'a pas le bonheur à offrir
C'est parce qu'il est maintenu sous contrôle
Et se voit régi par des raisons drôles

Quand l'amour est emprisonné
Par une possessivité déraisonnée
Il n'est plus une source de félicité
Et obéit aux devoirs de conformité

Les amours éternelles
Sont celles qui restent sensationnelles
Comme l'engagement entre deux tourtereaux
Qui n'ont entre leurs pieds aucun anneau

BITO DAVID

LES PLEURS DES FLEURS

Comme de mon île la plus belle flore
Elle a des secrets qu'il faut bien qu'on explore
Elle est fleur superbe beauté de la nature
Délice de la vie et charmante créature

Le temps présent est son auréole
Elle est une si magnifique beauté créole
Ses doux pleurs remémorant l'enfance
Expriment sur sa face une si belle pétulance

Elle ne cesse de verser des larmes
Qui irriguent les champs de ses charmes
Ses angoisses amères et sa tristesse
Traduisent tant de délicatesse

Comme les peines d'un oiseau triste
La mélancolie d'une lune sinistre
Ses soucis ne ternissent pas sa couleur
Et les nuages ne peuvent couvrir son ardeur

PHANTASMES : *Aphrodite en Do Majeur*

Quand elle pleure de bonheur ou de chagrin
Son penchant est toujours bien câlin
Pluies d'amour et de fertilité
Fleuves de joie et de félicité

Les pleurs des fleurs de la nature
Miels gelées et bonnes confitures
On les goûte on les boit allègrement
Elles nous attendrissent amoureusement

Sont-ce des gouttes de rosée
Qui sur les pétales ont posé
Les fraicheurs du climat du matin
Et les douceurs d'un caprice enfantin

Les pleurs des fleurs
Sur mon cœur ont la primeur
Leurs sons leurs goûts et leurs motifs
Pour mes passions sont des apéritifs

BITO DAVID

PHANTASMES : *Aphrodite en Do Majeur*

RÊVES ET VISIONS SENSUELLES

Je rêvais de ses seins de velours
De son corps les voluptueux contours
De la succulente sève dans sa bouche
Et de ses doigts délicats la magique touche

Sur ma peau quand frénétiquement elle caresse
Je deviens délirant englouti dans l'ivresse
La folle envie de la prendre soudainement me soûle
Pour sentir ma semence dans son corps qui coule

La vision de son triangle de plaisir
Attise encore plus la chaleur de mon désir
Dans sa contorsion tout son corps m'attire
Mes sens bouillonnent et mon membre s'étire

Je la veux éperdument à l'instant
Mais je peux souffrir une éternité pourtant
Autant dans le temps toujours d'elle je rêve
Ma jouissance à coup sûr sera toujours sans trêve

BITO DAVID

FEMME D'AMOUR

Son corps est un trésor
Qui vaut plus que le diamant et l'or
Protégeons-la
Et pour notre bonheur surtout gardons-la

Ses caresses procurent les extases des dieux
Qui donnent les plaisirs des septièmes cieux
Chérissons-la
Elle mérite mille roses et lilas

Sa présence à nos côtés
Est la source de tant d'utilités
Honorons-la
Tu souffriras quand elle ne sera pas là

La transe de ses baisers
Notre fièvre charnelle toujours fait apaiser
Aimons-la
Car elle est la reine de nos villas

Pour son mont de Venus
Duquel nous sommes passionnés mordicus
Chouchoutons-la
Afin qu'elle nous le donne ici et là

PHANTASMES : *Aphrodite en Do Majeur*

Pour sa beauté
Qui nous aveugle en mensonge et en vérité
Adorons-la
Pour nous elle sera toujours là

Elle est la raison de nos passions
La motivation de nos émotions
Sans elle nous ne sommes rien
Et notre royaume n'a aucun bien

Elle est la gardienne de nos foyers
De nos déboires elle veut toujours s'apitoyer
Elle est toujours notre bras droit
Et mérite de l'attention par surcroit

Elle est pour nous un trésor
Qui vaut plus que le diamant et l'or
Protégeons-la
Et pour notre bonheur surtout gardons-la

Femme d'amour
Femme de glamour
Soleils de nos vies
Qui tous nos désirs assouvit

BITO DAVID

PARLE-MOI TOUCHE-MOI

Chuchote longuement dans mes oreilles
Les symphonies à nulles autres pareilles
Chante-moi ces refrains paradisiaques
Aux vertus les plus aphrodisiaques

Prends ma main et conduis-moi au jardin
Dont les fleurs aux parfums les plus anodins
Ensorcellent à la fois les âmes et les cœurs
Et rendent fous les esprits en quête de bonheur

Touche-moi aux endroits les plus sensibles
Renverse mes boucliers les plus invincibles
Pour subjuguer mon corps et mes émotions
Par ton charme en enflammant mes sensations

Fais-moi planer dans les hauteurs du septième ciel
Goûter la succulente saveur de ton miel
Perdre mes sens en embrasant mon enthousiasme
Pour combler de ma vie le plus grand fantasme

PHANTASMES : *Aphrodite en Do Majeur*

ELLE EST SI BELLE

Elle est si belle et son corps en harmonie
Déambule au rythme de cette symphonie
Qui accompagne les déesses dans leurs randonnées
Ralliant leurs dieux dans leurs idylles passionnées

Elle bouge les rondeurs de ses fesses
Inspirant le péché qui nous mène à confesse
Sa féminité d'un attrait provocateur
Exhibe à chaque pas un charme dévastateur

Ses seins rondelets aux dimensions excitantes
Élancés par sa démarche envoûtante
Invitent à bécoter leurs charmantes pointes
Péché mignon contre sa nature sacro-sainte

Elle est si belle avec une langue mielleuse
Des cuisses galbées et des lèvres juteuses
Marchant au rythme de cette symphonie entraînante
Qui foudroie les cœurs d'une atteinte fulgurante

BITO DAVID

PHANTASMES : *Aphrodite en Do Majeur*

À UNE AMIE MALADE

Les feux de la nature s'assombrissent
Et ses plus belles fleurs flétrissent
Quand ton soleil ne rayonne pas comme d'habitude
Et que quelconque mal affecte ton attitude

Je me demande en mon cœur triste et sombre
Pourquoi faut-il qu'une importune ombre
Vienne pâlir le paysage de tes jours
Voulant modifier ta grâce de toujours

Pourquoi ton corps ne miroite constamment
Le reflet de ton âme qui charme à tout moment
Et que chaque jour quand le soleil se lève
Tu demeures sans douleur cette personne de rêve

Mais tu es au demeurant une forte créature
Un des plus beaux trésors de la nature
Et ta maladie n'apportera à ta vie
Qu'un bref malaise dont tu sortiras raffermie

BITO DAVID

POUR TOI J'ÉCRIRAI UN POÈME

Pour toi j'écrirai un poème
Laisser couler mes idées de bohème
Te dédier mes élans d'inspiration
Et faire tes délices et ta délectation
Maintenant demain et toujours
Pour ton bonheur de tous les jours

Pour toi j'écrirai un poème
Colorer la monotonie de tes jours blêmes
T'inviter à partager sans réticence
Les bonheurs et les joies de l'existence
Tout ce qui motive nos rires
Et qui aiguillonne nos désirs

Pour toi j'écrirai un poème
Car tu m'inspires comme la muse même
Je l'imprimerai dans mon livre d'or
Et le garderai comme un trésor
Ultime expression de mes sentiments
Faisant revivre les plus heureux moments

PHANTASMES : *Aphrodite en Do Majeur*

ESSENCE BONHEUR ET SENS

Mes sens sont l'essence
De tout ce qui fait mon existence
Mon esprit mon savoir et mon imagination
N'ont de support qu'en eux leur fondation

Ils interprètent suivant les circonstances
Et leur environnement d'abondance
Ce qu'ils perçoivent et discernent
Autant que les choses qui les concernent

Et je te sens dans mes émotions
Péché mortel et contresens
Comme les tabous et les prohibitions
Des merveilles de l'existence

Et je te vois dans mes visions
Éblouissement folie et bonheur
Comme autant de rêves que d'illusions
Qui donnent du goût même à mon malheur

De mes doigts en te touchant je sens la chaleur
Et de ton corps mes lèvres rêvent la saveur
Mon odorat délecte ton intimité
Et ma vue contemple l'univers dans ta beauté

BITO DAVID

Ta mélodie enchante mon ouïe
Et résonne les sons d'une félicité inouïe
Pour ma satisfaction et ma délectation
Ma stupéfaction et ma grande fascination

Mes sens sont l'essence
De tout ce qui fait mon existence
Révélant la nature qui me guide vers toi
Rare créature en qui j'ai une profonde foi

Mon cœur exulte la passion de connaître
Un ange qui a la magie de faire renaître
A jamais les impressions sensationnelles
Que dans la vie nous voulons rendre immortelles

PHANTASMES : *Aphrodite en Do Majeur*

LES SONS DU SILENCE

Peux-tu écouter les sons du silence
Profond mystère qui transcende notre science
Dans nos rêves yeux ouverts
Et dans nos paradis verts

Silence Silence dans ce précieux décor
Quand tu te tais je t'entends encor

Peux-tu écouter les sons du silence
Et ton cœur soumettre à l'évidence
Que le temps qui parfois dérange
Immortalise nos dialogues et nos échanges

Silence Silence mon éternel amour
Quand tu te tais je t'entends toujours

Peux-tu écouter les sons du silence
Et te laisser aller sans réticence
Aux ivresses des douces harmonies
Avec foi dans ce mystère qui nous unit

BITO DAVID

Silence Silence je ne te fais nul reproche
Quand tu te tais je te sens plus proche

Peux-tu écouter les sons du silence
Sans essayer d'ignorer l'existence
De ses messages naturels et controversant
Qui exaltent nos sentiments bouleversants

Silence Silence quand tu iras vers ton bonheur
Je te retiendrai encore dans mon cœur

PHANTASMES : *Aphrodite en Do Majeur*

BITO DAVID

QU'EST-CE QU'UN POÈTE ?

Un poète est un profond rêveur
Qui agence les mots dans leur saveur
Pour dépeindre les situations idylliques
Qu'il voudrait connaître dans son monde poétique

Il décrit ses visions de fantasme
Peint la vie avec ferveur et enthousiasme
Ecrit d'une manière intelligente
Exprimant ses lignes d'une façon bien différente

Dans l'ivresse de l'abstraction littéraire
Et à l'euphorie d'une passion téméraire
Les vagues emportent ses sens et ses émotions
Fascinées par la magnificence de ses dévotions

Le sage poète jouit sans ostentation
Sa vocation dans son exaltation
Ses vers communiquent avec ses intimes
Et ceux qui comprennent ses inclinations sublimes

Sa plume et sa muse sont ses moyens de survie
Parasitant les grandes beautés de la vie
Le fascinant l'envoûtant le délirant
Et tout ce qui a un penchant attirant

PHANTASMES : *Aphrodite en Do Majeur*

Le poète vit dans la nature
Et parfois sa pensée est immature
Il s'exprime comme dans le rêve de l'enfance
Quand l'imagination a plus d'abondances

Le poète authentique est bohémien
Dans sa vie il n'a qu'un précieux bien
Sa muse qu'il vénère
Qui pour son inspiration est la mère

Le poète écrit pour plaire à ceux qu'il aime
Mais surtout et beaucoup plus à lui-même
Par ses vers il continuera à chanter
Les charmes qui ne peuvent que nous enchanter

BITO DAVID

FEMMES SOLEIL DE NOS VIES

Vous ne cessez d'illuminer nos jours
Comme l'astre qui pour toujours
Réchauffe notre tiède univers
Vous êtes comme le poète qui par ses vers
Remplit nos cœurs d'exaltations
Pour idéaliser les élans de nos émotions

Autant qu'on médise de vous femmes
Vous nourrissez toujours la flamme
De nos sentiments et notre raison d'être
Car nous ne saurons avoir meilleur maître
Recevoir un si sublime traitement
Et dans notre vie de meilleurs condiments

PHANTASMES : *Aphrodite en Do Majeur*

Parmi toutes les perles vous êtes les plus brillantes
Êtres de grande passion et créatures étonnantes
Magnifiques mystères souvent incompris
De ceux qui en vous observant sont surpris
Et ébahis par vos multiples qualités
Votre candeur et vos innombrables bontés

Pour toutes ces raisons on vous admire
Et au monde entier on le crie
Que vous devriez être le point de mire
Récipiendaires de tous les prix
Objets de toutes les célébrations
Des merveilles de notre création

BITO DAVID

J'AI FAIT UN CHOIX DANS MA VIE

J'ai fait un choix dans ma vie
Sur sa piste je te convie

J'ai choisi dans mon contrat de vivre
D'être toujours heureux et toujours ivre
M'abreuvant sans cesse à l'élixir
De tout ce qui peut bien me faire plaisir

Mais je n'ai jamais choisi la vie
La vie éprise de moi m'a choisi
Créant dans sa folie une individualité
Qui flotte parmi la grande complexité

Dans sa magnificence je m'enivre
Avec le bon art du savoir-vivre

Donc vivre n'a jamais été mon choix
Je peux bien l'affirmer à haute voix
Sinon que nous faisons très bon ménage
Car de sa sublime beauté j'en ai l'apanage

À ce choix je te convie
Imaginant dans ton cœur cette envie
De goûter les joies de la vie
Sans laisser nulle folie inassouvie

PHANTASMES : *Aphrodite en Do Majeur*

UNE ROSE D'AMOUR

À peine éclose
Cette belle rose
Enjolive le jardin
Des givres du matin

Ses pétales immaculés
D'une corolle bien arrangée
Dessinent dans le printemps
Les précieuses beautés du temps

À peine éclose
Cette belle rose
Attire les abeilles
Par ces folioles vermeilles

Une rose d'amour
Sur tous les parcours
Des randonnées
Des amours à l'aube nées

BITO DAVID

À peine éclose
Et déjà grandiose
Elle est juste une rose
Symbole de l'amour la symbiose

Une rose d'amour
Que les rois dans leurs tours
Envient pour leur bonheur
Même quand ayant tous les honneurs

À peine éclose
Dans le monde des jolies choses
Cette rose par ses pétales
Embellit tous les dédales

Elle est la plus belle des fleurs
Et fait la joie de tous les cœurs
Rose d'amour
Des joliesses de tous les jours

PHANTASMES : *Aphrodite en Do Majeur*

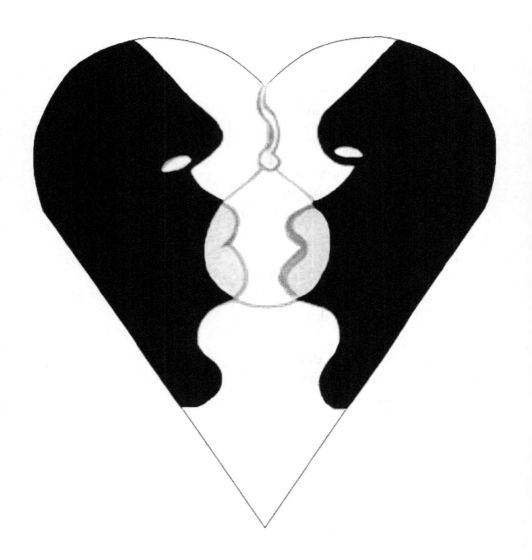

BITO DAVID

IL Y A DES SENTIMENTS FOUS

Il y a des sentiments fous
Où le cœur nous inflige ses remous
Il y a de ces folles émotions
Qui font bouillonner nos passions

Quand cette fièvre allume nos sens
Parfois nous agissons en contre-sens
Perdons l'équilibre de notre esprit
Et devenons des acteurs incompris

Il y a des sentiments fous
Et l'homme souvent s'en fou
Il est victime de ces effervescences
Et en fera toute sa vie l'expérience

Ces sentiments sont nos passions
L'amour et toutes les sublimes émotions
Ces splendides auréoles de bonheur
Qui éclairent notre être et excitent le cœur

Il y a des sentiments fous
Contre lesquels on n'a aucun garde-fou
Mieux vaut se laisser aller à leur flot
Contre notre placidité ils ont fait un complot

PHANTASMES : *Aphrodite en Do Majeur*

Quand le rêve un jour devient réalité
Et nous retrouvons enfin notre sérénité
Nous regrettons souvent que l'idéalité
Ne puisse se transformer en normalité

Il y a des sentiments fous
Qui mettent notre raison à genoux
Ne pouvant résister à leurs assauts
Nous subissons les vagues de leurs soubresauts

Ce sont les sentiments
Qui caractérisent notre élément
Ce sont ces sentiments
Qui nous donnent de doux tourments

BITO DAVID

MES VERS ET MES MOTS À L'ENVERS

Tu as perdu la mémoire de mes vers
Car de nos jours je parle un peu trop à l'envers
De la décence et la moralité pudique
Au-delà de mes rimes et ma prose lyrique

Mais toujours à toi ma muse pense
Animée d'une inspiration intense
Transcendant les normes et conventions
Écrivant mes notes parfois sur d'autres partitions

Évidemment à d'autres lectures tu t'adonnes
Mais je veux que tu me pardonnes
Sachant que l'oiseau qui se plait à te chanter
Veut pour toute ta vie t'enchanter

PHANTASMES : *Aphrodite en Do Majeur*

Si je ne t'écris plus et devient distant
Sache que mon sentiment demeure constant
Face à des défis parfois sentant ma faiblesse
Je me plie à ce qui me blesse

Mes vers et mes rimes traduisant ma passion
Cèdent la place parfois à des dépravations
Un délire de cracher du sort l'amertume
Mourir un jour et jouir d'un bonheur posthume

Lis encore une ou deux de mes lignes
Qui ne sont cette fois pas des expressions malignes
Plutôt des mots qui disent les histoires poétiques
Et illustrent les rêves les plus idylliques

BITO DAVID

LES EXTASES DU PLAISIR

Dans les moments d'euphorie et de volupté
Nous jouissons du bonheur et de la gaieté
Et les sens sans limites en effervescence
Nous transmettent les meilleurs délices de l'existence

Les âmes sœurs par leur communication
Transcendent les longues distances de la séparation
Et les connexions excitent les passions sublimes
Entre des êtres aux contacts les plus intimes

Sous l'empire des émotions en ébullition
Au rythme de nos muscles en contraction
Le souffle assouvissant son plus grand désir
Nous goûtons aux douces saveurs du plaisir

Et le voyage dans sa volée ébahissante
Nous mène à une allure étourdissante
Vers la béatitude la plus extrême
Pour délecter l'ivresse la plus suprême

PHANTASMES : *Aphrodite en Do Majeur*

LE CŒUR ET LA RAISON

C'est comme le contraste de la belle et de la bête
Des jolies roses aux branches jonchées de crêtes
Des passions résultant en amères déceptions
Qui bouleversent nos âmes et nos claires conceptions

Qu'on aime à la folie est un doux sentiment
Qui procure les plus succulents condiments
Précieux état d'âme d'une exquise saveur
Qui nous fait voir le monde dans le prisme du rêveur

Mais quand la raison confronte les émotions
Les antithèses nous imposent leurs conditions
La folie d'aimer quand elle entraîne la souffrance
Convertit notre foi en une grande désespérance

On aime du fond du cœur et à perdre la raison
On adore les fleurs de la belle saison
Qu'on délire qu'on raisonne il est bien évident
Nos passions nous brûleront de leur feu ardent

BITO DAVID

PHANTASMES : *Aphrodite en Do Majeur*

POUR LA FÊTE D'UNE ADOREE

Il en faut de la vie les plus grandes dimensions
Pour établir et assurer les fondations
Qui garantissent une si nette communion
Faite de félicité et de parfaite union
De fous rires dont les échos transcendent toujours
Les obligations et nécessités des jours

Il en faut un recul dans le temps
Pour garantir l'éternité du printemps
Voir jaillir la source d'une belle onde
Au jour quand la nature a mis au monde
Un joyau si magnifique qui ravit
Et qui se révèle une perle dans la vie

Perle humaine et âme en qui on s'y fie
Compagne dont la présence remplit
A l'aube du jour et jusqu'au fond de la nuit
De béatitude et d'ivresse infinies
Et quand à l'horizon tout semblerait fini
Toujours ce bonheur éternel on le revit

Bonne fête aujourd'hui
Bonne fête pour toute ta vie

BITO DAVID

EMMÈNE-MOI DANS TON PARADIS

Emmène-moi dans ton paradis
Épargne-moi les plaisirs maudits
Qui me guettent jours et nuits
Et dans mes solitudes de minuit

Fais le pont entre ton ciel et mes désirs
Enjolive le parcours qui conduit aux plaisirs
De guirlandes fleuries
Et de bulbilles épanouies

Emmène-moi dans ton paradis
Chaque jour du dimanche au samedi
En plein midi et en toutes saisons
Surtout pendant les belles floraisons

Prends ma main et dirige-moi aux jardins
Des étoiles pétillantes et des commerces badins
Dans ce monde où tu commandes les destins
Et es reine des aphrodisiaques festins

PHANTASMES : *Aphrodite en Do Majeur*

Emmène-moi dans ton paradis
Fais-moi jouir de ton corps jours et nuits
Une peau une chair d'une exquise saveur
Une haleine un parfum d'une grisante odeur

La soûlée de l'élixir de tes baisers
Sera mes délices dans ton Élysée
Où je trouverai une oasis d'allégresse
De béatitude et de divines caresses

BITO DAVID

LES ÉLÉGANTES PUCELLES

Elles ont dans l'âme l'atmosphère du printemps
Les effervescences qui font gicler notre temps
Douceur mesurée pour enivrer nos jours
Et nous faire espérer vivre l'extase pour toujours

Elles sont les élégantes et fringantes pucelles
Elles garnissent nos jardins de leur jouvencelle
De leur pudicité leur charme leur enchantement
Tout ce qui contribue à notre envoûtement

Les aimant nous commettons le péché fatal
L'héritage de notre fondement natal
Qui procure à l'homme la plus grande félicité
L'ivresse le ravissement toute la sublimité

Elles sont les élégantes et fringantes pucelles
Qui nuit et jour et à jamais nous ensorcellent
Renversant nos cœurs aux émois de l'amour
Ne pouvant nous empêcher de leur faire la cour

PHANTASMES : *Aphrodite en Do Majeur*

LES AMOURS DE CAMPAGNE

Leurs roses sont celles des champs les plus magnifiques
Non pas les pétales dans les fameuses boutiques
Elles ont sur leur toile les fraîches gouttes de rosée
Qui à l'aube on voit sur toutes les fleurs posées

Leurs voyages sont dans la verdure des prés
Promenades dans les plus jolies contrées
Où les âmes éprises se livrent dans la nature
S'évadent gaiement dans une merveilleuse aventure

Leurs sons sont le gazouillis des roitelets
Le bruit du flot limpide d'un ruisselet
La musique de la brise dans les pompeuses branches
Le chant d'un rossignol au matin d'un dimanche

Le baiser du soleil au zénith de la terre
Imite les amoureux roulant sur le parterre
Idyllique étreinte d'un intime corps à corps
Joliesse de cette campagne au charmant décor

BITO DAVID

LE SON DES SOUVENIRS

Ne me dis pas que tu demeures un cœur blessé
Et que ton esprit soit encore bouleversé
Par le souvenir d'un grand et exaltant amour
Qui affecte ton âme tous les jours

Ces images qui sont souvent de retour
Pour nous fasciner la pensée pour toujours
Restent les plus succulentes saveurs de la vie
Qui assurent notre affectueuse survie

J'adore ton goût pour la sentimentalité
Et admire qu'en plus de tes bonnes qualités
Tu sois sensible aux émotions de la vie
Et qui peuvent rendre notre mélancolie assouvie

Je partage ce que tu as dans la profondeur
De tes entrailles pour te bercer le cœur
Car les souvenirs qui embrasent d'exaltation
Portent nos sentiments à la sublimation

PHANTASMES : *Aphrodite en Do Majeur*

Cependant les sons des souvenirs
Ne peuvent égayer notre avenir
Un jour il faudra une nouvelle partition
Avec laquelle faire une autre incantation

Les sons des souvenirs de bonheur
Parfois assombrissent le cœur
Car ils ne nous font que verser des pleurs
Qui irriguent mal les jardins des nouvelles fleurs

BITO DAVID

PHANTASMES : *Aphrodite en Do Majeur*

LE PRINTEMPS DES SENTIMENTS

Elles ouvrent leurs pétales au baiser du soleil
Ces fleurs aux éclats vermeils
Prêtes à vivre la durée de leur temps
L'espace d'un bref cillement

Autant vit l'amour
Ses fleurons ne sont pas pour toujours
Le printemps des éclosions majestueuses
N'écartent jamais les issues tumultueuses

Mais la passion anime toujours l'âme
Dans sa précarité sans merci elle enflamme
Tout l'être de sa pétillante ardeur
Sa grandeur et sa merveilleuse splendeur

Le printemps des sentiments
Est garni des plus aphrodisiaques condiments
Ces douceurs de la belle nature
Et avec elles toutes les jolies fioritures

Tout notre être trémousse
En posant un baiser sur sa frimousse
Dans le panorama d'un cadre enchanteur
Ou tout semble convenir pour notre bonheur

Le printemps des sentiments
Est la garantie des meilleurs moments
Car les flammes de l'amour connaissent leur revers
Elles résistent rarement aux rudes hivers

BITO DAVID

L'ÉTÉ ET LES CHALEURS DU CŒUR

La chaleur de l'été
Ô bonté des cieux
La chaleur de l'été
Excite nos corps en feu

Toutes les fleurs en gaité
Ô beauté des cieux
Toutes les fleurs en gaité
Décorent nos jardins luxurieux

Et les filles aux cœurs en feu
Ô beauté des cieux
Et les filles aux cœurs en feu
Embrasent nos corps envieux

La chaleur de l'été
Ô bonté des cieux
La chaleur de l'été
Fait notre bonheur capricieux

PHANTASMES : *Aphrodite en Do Majeur*

L'AUTOMNE DES AMOURS MORTES

Ces fleurs qui tombent sont-ce pour la cueillette
Elles revêtent les couleurs des jours de fête
Mais sur le sol elles seront mortes
On les balaie pour nettoyer le devant des portes

Ces sont les fleurs des amours mortes
Asséchées sur le sol le vent les emporte
Baladant dans les rues désertes et sombres
Où les sentiments n'ont plus que leurs ombres

En automne quand s'en vont les émotions
Avec la brise qui chasse les passions
Le sort efface les espoirs des amants
Et fait connaitre à leur amour un tourment

Mais si on ramasse tous ces feuillages
Ils pourront servir à écrire d'autres pages
D'une nouvelle idylle pour une nouvelle saison
En retournant au cycle qui confond la raison

BITO DAVID

L'HIVER DES FROIDES ÉMOTIONS

Nos émotions connaissent les affres du temps
Le printemps des floraisons
L'été de la chaleur des vents
L'automne d'une mitigée saison

Le froid de l'hiver les tue
Dans cette saison les semences sont foutues
Sans la chaleur du bois des champs
La demeure du bonheur va mourant

Qu'on sache réchauffer la source des connexions
Sans quoi la frigidité des relations
Finira par éliminer les passions
Et la saveur des belles sensations

Nos émotions connaissent les affres du temps
Qu'il soit l'hiver l'été l'automne ou le printemps
À la fantaisie des aléas des circonstances
C'est à nous de perpétuer leur existence

PHANTASMES : *Aphrodite en Do Majeur*

TU ES UNE PERLE

Symbole d'une préciosité fantastique
Apport du monde vivant à la beauté plastique
Joyau fascinant qui embellit toute la vie
Tu es une superbe perle d'une splendeur infinie

Ta grâce et ton charme sont dans ta texture
Autant que ces beautés qui dans la nature
Scintillent les reflets attrayants de leur lustre
Leur octroyant un bel éclat illustre

Tu es une perle tombée de la bague d'Aphrodite
Fruit dont la consommation est interdite
Une déesse inspirant l'admiration
Et dont le glamour provoque une folle attraction

Tu es une perle jolie et superficielle
Qui reflète une noblesse intellectuelle
Un beau corps une belle âme et un bel esprit
Un monument d'un impressionnant acabit

BITO DAVID

Tu es une perle d'une qualité inestimable
Un cœur tendre d'une personnalité aimable
D'une bonté aux grandes qualités de l'amour
Ravissante remplie d'affection et d'humour

Ton espèce dans sa profondeur ensorcelle
Prodigieuse créature qui porte une étincelle
Qui enjôle ravit captive et éblouit
Émerveille subjugué et frénétiquement séduit

PHANTASMES : *Aphrodite en Do Majeur*

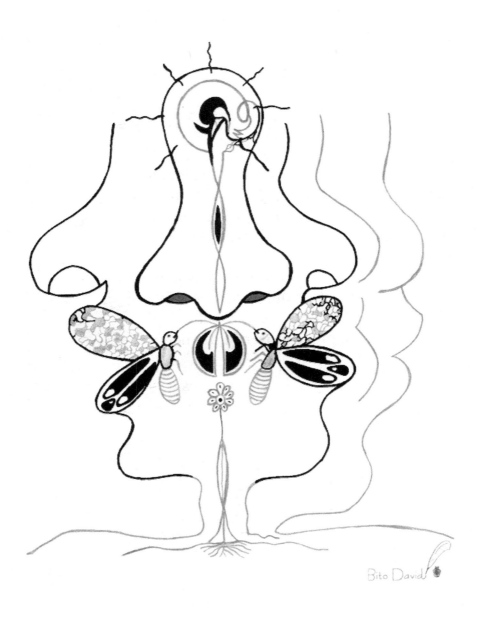

BITO DAVID

AVEU D'UN POÈTE

M'évader faire de toi l'objet de mes écrits
Et tes attributs un jour rêver voir décrits
À cette tentation je fais toujours face
Au cours de mes voyages dans le temps et l'espace

Mille images m'embarrassent la pensée et l'esprit
Un moment fou plus tard le désir détruit
Voulant respecter la logique conventionnelle
J'essaie de contenir ma ferveur émotionnelle

Pour toi bien souvent j'ai envie d'écrire
Comme les merveilles de la vie que j'aime décrire
En exprimant ma passion par des lignes
Qui pour toi ne seront que des pensées bénignes

Te feront-elles à cœur joie verser des larmes
Et te convaincre du pouvoir de tes charmes
Apaiseront-elles toutes tes mélancolies
Pour te rendre heureuse dans ce monde de folie

PHANTASMES : *Aphrodite en Do Majeur*

Te transporteront-elles au pic du septième ciel
En te faisant goûter la saveur du miel
Te feront-elles rêver des mondes paradisiaques
Où les âmes délectent les philtres aphrodisiaques

Cette convoitise même en étant volatile
Témoignage de ta délicatesse subtile
À inspirer les chantres rêveurs d'étanchement
Et les calmer par le plus simple assouvissement

BITO DAVID

LES TRÉSORS DU TEMPS

Les grands monuments ne disparaissent jamais
J'en ai la sincère conviction désormais
Pour autant qu'ils rehaussent l'éclat de la nature
Leurs grandeurs inspireront la plus belle peinture

Les grandes amours perdurent et s'effritent rarement
J'en fais la confession par mon sentiment
Leurs racines garantissent les plus belles floraisons
Qui décorent les plus jolies saisons

Les grandes amitiés ne se dissipent et ne meurent
Face à leurs déboires les protagonistes pleurent
Tout chambardement qui menace leur aveu
Pour leur faire dire un jour un adieu

Les amours dans le temps qui sont des monuments
Transcendent les amitiés par leurs assouvissements
À une liaison pure entre des âmes qui se connectent
Elles apportent toutes les voluptés qu'elles collectent

Un monument inspire toujours profondément
Et un grand amour fait rêver passionnément
Ce sont les plus grands trésors du temps
Qui font l'hiver l'automne l'été et le printemps

PHANTASMES : *Aphrodite en Do Majeur*

LES ROSES DE CHAIR

Elles ont leurs pétales charnus
Gorgés de cette sève que les ingénues
Ont en elles attirantes et qui tendrement
S'offrent aux baisers allègrement

Ce sont ces lèvres qui inspirent la passion
Leurs couleurs sont la peinture de la tentation
Qui peuvent dérouter tout un bastion
En ensorcelant par leur fascination

Et comme ces chairs aux fines textures
Elles rendent honneur aux merveilles de la nature
Tant qu'on rêve de jouir de leurs condiments
Et sentir la caresse de leurs simples effleurements

Elles ont leurs pétales charnus
Ces lèvres que nous admirons gorgées et nues
Roses de chair qui provoquent les plus doux désirs
Roses de chair attirantes qui embrasent de plaisir

BITO DAVID

UN TRIANGLE D'OR

Un Triangle d'or
Qui fascine l'esprit et le corps
Débilite la raison de ses logiques
Touche délicate et passion platoniques

Une surface de velours
Des chairs nues aux enivrants contours
Dont la douce texture duvetée
Excite notre convoitise enfiévrée

Et les ébats s'inspirent grandement
Des sensations de son attouchement
La câlinerie d'une bisette
Et la douceur d'une folle sucette

Un Triangle d'or
Qui fascine l'esprit et le corps
Et qui donne tant de remords
À penser le laisser quand on sera mort

PHANTASMES : *Aphrodite en Do Majeur*

Terre de Feu et de plaisir
Une petite montagne de désir
Dont le versant élargi à la base
Est lubrifié par le miel de l'extase

Un monticule qu'on embrasse à bouche pleine
Et dont l'ascension à perdre haleine
Révèle autant que sa pénétration
Qui apporte l'ivresse et une grande exaltation

BITO DAVID

PLUS BELLE AVEC LE TEMPS

Elle rayonne avec le soleil
Et ses pétales en éclosant à son réveil
Étendent les beautés de son sommeil
Pour exhiber leur éclat vermeil

Elle devient plus belle avec le temps
Par-delà vents et contretemps
Autant que le vin qui s'améliore avec l'âge
Elle est le symbole de ce vieil adage

Sa voix chante le rythme du bonheur
Avec cette verve et cet esprit aguicheur
Elle remplit l'espace de la vie par sa présence
Modulant sur la plus haute fréquence

Aujourd'hui à son nouveau printemps
Elle transcende encore les circonstances du temps
Moulant dans le creuset de sa magnificence
Les raisons de la grandeur de l'existence

PHANTASMES : *Aphrodite en Do Majeur*

Elle est plus belle avec le temps
En hiver été automne et au printemps
Modulant son image aux beautés des saisons
Effluve de séduction qui fait perdre la raison

Elle est plus belle avec le temps
Aphrodite divine qui rend les esprits contents
Auréole de splendeur aux éclats sublimes
Qui fait vibrer nos fibres les plus intimes

BITO DAVID

PHANTASMES : *Aphrodite en Do Majeur*

QUE NE DIT TON CŒUR

Ô toi initiée dans le jonglage du verbe
Quel est donc le fond de ton proverbe
Dans tes écrits à la bonne saveur poétique
Je cherche le fond et l'inspiration magique

Poète des lignes poète des mots et des vers
Parfois tes idées exprimées à l'envers
Sont perçues dans une réalité éthérée
Où le lyrisme n'est qu'une théurgie inférée

Que ne dit ton cœur même quand il est muet
Dans le silence des sentiments désuets
Ces effusions sur fond de symphonies
Traduisent la soif l'exaltation d'une euphorie

Que ne dit ton cœur quand il veut s'épancher
Flotter bavarder se verser et exhaler
Ses chansons fleurissent le décor de la vie
Ses discours résonnent les plus belles harmonies

BITO DAVID

Qui ne veut apprécier l'épanchement spontané
D'une chanterelle au ramage bien chicané
Ses antres cachent toujours de grands secrets
Qui aguichent drôlement les versés indiscrets

Qui peut aux parénèses d'une diva rester vague
Quand son souffle exhale une séduisante vague
Et chante de son âme la grâce et les désirs
Qui peuvent diviniser les plus grands plaisirs

PHANTASMES : *Aphrodite en Do Majeur*

TES YEUX QUI ME LISENT À MINUIT

Les lueurs de tes yeux lisant mon texte
M'éveillent et me donnent ce prétexte
Pour te dire qu'à l'approche de minuit
Je sens la chaleur de ton soleil qui luit

Ce songe qui s'étend à l'infini
Âme sœur je le sens qui fleurit
Je voudrais vivre pour voir son fruit mûrir
Afin de bien le savourer avant de mourir

Ce rêve qui anime ma vie
Assure aussi chaque jour ma survie
À la chaleur de mon soleil d'envie
Mon cœur enflammé te convie

Les lueurs de tes yeux qui me lisent à minuit
Semblent ramener le temps qui s'enfuit
Et lancent une étincelle vers mon inspiration
Éclairant mon âme et mon imagination

BITO DAVID

JE CHERCHE TA FÉMINITÉ

Dans tes poèmes qui déclament ton intimité
Se lisent clairement une tendre sensibilité
Tu es la voix de la douceur féminine
Exprimant tendrement leur douleur commune

Dans nos échanges je cherche ta féminité
Que tu sembles dévoiler avec timidité
Seulement par la plume à tes invités
La cachant loin de la foule des intéressés

Révèle-moi la magie de ton inspiration
Qui te fait gracieuse dans ta contemplation
Même quand je ne mérite une telle faveur
Je voudrais de loin admirer sa couleur

Je cherche depuis longtemps ta féminité
Animé par une passionnante curiosité
Mais enfin je sais et suis déjà convaincu
Que ce mystère a une nature ingénue

PHANTASMES : *Aphrodite en Do Majeur*

QUAND ELLE S'HABILLE

Elle se plait à prendre son temps pour choisir
Ce qui va à son charme et excite le désir
Des couleurs agencées elle connait la mesure
Comme on met dans un vers une classique césure

Son corps offre sa grâce aux coquettes modes
S'achalande de joyaux et fleurons très commodes
Aguichant le regard d'une simple touche maquillée
Sur fond d'une belle bâche sur elle bien taillée

Elle fait des parures de la couture
Des fantaisies qui fleurissent la nature
Ses attraits physiques rehaussent les éclats
Du charme de ces vêtements des érotiques ébats

Enfin gracieuse comme cette déesse de la vie
Elle embellit le décor et nûment ravit
Sans ambages dans ce devoir mère Nature
N'a certainement pas fait aucune rature

BITO DAVID

BOHÉMIENNE

Sur un banc de la place elle passe des heures
Solitaire contemplant un bonheur
Qui à des sens égarés
Gardent leurs trésors éloignés

Dans son cœur elle est gitane
Plein d'amour elle évite toute chicane
Comme un papillon du mois de mai
Elle connait les plus belles fleurs des prés

Elle est la fille du vent
Et l'amour est le sacerdoce de son couvent
Comme une ingénue créature
Elle gambade avec joie dans la nature

Mais elle est simple porteuse d'amour
Et souffle la béatitude dans son alentour
Une belle dame de cœur
Qui séduit même les As trompeurs

PHANTASMES : *Aphrodite en Do Majeur*

Elle est une Tzigane sans richesse
Qui ne réclame aucune prouesse
Pour la plaire sinon une promenade
Dans l'existence qu'elle vit en nomade

Elle est bohémienne Gipsy vagabonde
Et se complait par le charme d'une onde
Qui coule dans le bois des bonheurs cachés
Où elle s'en va toujours ses sentiments épancher

BITO DAVID

PHANTASMES : *Aphrodite en Do Majeur*

ET LE SONGE FLEURIT

Mes songes de balades *aphrodites*
M'emportent à des visions inédites
Du charme d'un paradis sensuel
Et des extases des phantasmes visuels

Je m'enflamme je m'embarque
Dans ces voyages sur toutes les barques
Qui naviguent l'océan de ma béatitude
Commandant les flots de mon attitude

Et je ris et je crie
Ébahi par ce mirage qui m'étourdit
Par ses charmes dont je suis épris
Et le mystère de la volupté y compris

Mes songes de balades *aphrodites*
M'emmènent sur les terres interdites
De rêveries à des fins incertaines
Humaines mondaines et j'espère saines

BITO DAVID

Et la vie continue à l'infini
Son périple perpétuel curieusement défini
Les plaisirs et les souffrances tous confondus
À notre âme ces contrastes rendus

Et le songe fleurit
Et l'emportement soudain est guéri
Trouvant les émois et la transe du bonheur
Qui dans la vie chérissent le cœur

PHANTASMES : *Aphrodite en Do Majeur*

LA BELLE AU BOIS MOURANT

Elle souffrait sous le poids de son fardeau
Son péché mignon qui la mettait sur le dos
La faisait languir à n'en plus finir
Mais toujours voulant son assaillant bénir

La belle au bois mourant
Chantait une litanie sur un fond délirant
Dont le prologue qui haletait ses phantasmes
Annonçait le plus frénétique orgasme

Elle prenait le temps à visiter le bois
Explorait les sentiers buissonneux plus d'une fois
Allait et venait dans les zones broussailleux
S'agrippant à ce tronc qui s'érige majestueux

Est bien sot qui croirait qu'elle en mourrait
Dans ces entrechats que de fois elle disait
Être la vraie triomphatrice qui conserve sa forme
Quand au bout des peines l'agresseur devient difforme

BITO DAVID

Et l'écho de ses plaintes qui remplissaient le bois
Multipliait son ampleur par deux même par trois
Touchant notre émoi par ses souffrances
Qui sont les beuglantes des fibres du corps en transe

Elle pantelait pour atteindre le plus haut niveau
De l'extase du plaisir comme un sublime cadeau
Pour l'offrir à ses sens et à sa libido
Car la volupté est son mièvre credo

PHANTASMES : *Aphrodite en Do Majeur*

LA DERNIÈRE VALSE

Au son des entrainantes harmonies du temps
Brises d'extase qui transcende les contretemps
Elle attend le tour de la dernière danse
Une valse un boléro une longue contredanse

Au bal de la vie les appels de la musique
Étourdissent la raison et la morale pudique
Elle veut ses fantasmes faire tourner en rond
Soulant par la mélodie son esprit girond

Le jardin de ses désirs fleurit
Et la symphonie des vibrations décrit
Le plus beau paysage de l'univers
Constellation exaltante des plus beaux vers

Et le poème décrit l'accord de leur mesure
Comme dans un vers la justesse d'une césure
Balance sensiblement les expressions du son
Ou équilibre l'accord des pas avec le ton

BITO DAVID

Cette dernière valse qu'elle veut danser
Est pour la vie un hommage qu'elle veut penser
Se laissant aller à ses trépidations
Elle rend l'âme à la fin de l'intercession

Au son des entrainantes harmonies du temps
Brises d'extase qui transcendent les contretemps
Elle se perd dans une folle trémulation
Et remet au temps le don de sa création

PHANTASMES : *Aphrodite en Do Majeur*

TU ES MON PÉCHÉ

Tu es mon péché
Depuis longtemps caché
Ma volonté en détresse
Succombe à la vue de tes fesses
Et mes désirs sont en liesse
Devant ta grâce enchanteresse

Tu es mon péché
Que je confesse à l'archevêché
Je me demande pardi
S'il y a autant de bonheur au paradis
Je vis l'espoir qu'après le jugement
Que tes extases allègeront mon tourment

Tu es Jézabel
Et tu rends ma vie belle
Tu es mon péché qui pendant toute ma vie
Condamne mon esprit et mon cœur dévie
Je vis l'espoir qu'au jour du jugement
De ma sentence tu seras mon soulagement

BITO DAVID

LES AMOURS DE MINUIT

Moment d'échanges intimes
Et d'épanchements sublimes
Sous le plafond constellé
De ces étoiles scintillées

Dans la pénombre
De la nuit sombre
Théâtre des chuchotements
Et des tendres serrements

Moments d'échanges intimes
Quand on cherche la prime ultime
Dans la chair d'un fiévreux bonheur
Texture d'amour et de douceur

Les amours de minuit
Et l'extase qui s'en suit
Dans le décor d'un espace érotique
Sont les valses les plus romantiques

PHANTASMES : *Aphrodite en Do Majeur*

Dans la pénombre
De la nuit sombre
Tes yeux éclairent le décor
Reluisant les charmes de ton corps

Les amours de minuit
À l'éden nous conduit
Même quand s'ouvrent les abat-jour
Rien ne perturbe même pas le jour

BITO DAVID

PHANTASMES : *Aphrodite en Do Majeur*

TON SOUVENIR DANS MON ESPRIT

Ton souvenir dans mon esprit
Est comme un texte écrit
À l'encre indélébile
Il rend mon cœur fébrile

Le charme de ta beauté
Est pour mon âme une cruauté
Qui me fait toujours souffrir
En voulant le paradis t'offrir

Et je pense que si j'étais Dieu
Je ferais de ton être pieux
Une sainte pour être adorée
Une déesse pour être honorée

Ton souvenir dans mon esprit
Ton charme qui rend mon cœur épris
La souffrance d'une émotion inassouvie
Toi ma sainte une déesse de la vie

Il faut aujourd'hui que je le dise
Indifférent si un autre le contredise
Ton souvenir sur mon esprit
À un effet même de moi incompris

Et je vois dans mes rêves de mirage
L'auréole sur ta tête éclairant ton visage
Ses reflets illuminant les ombres de mes jours
Et ses feux enflammant mon cœur pour toujours

BITO DAVID

Et les empreintes de ces folles réminiscences
Dans ma longue mémoire sont en affluence
Je spécule un bonheur dans un monde de rêve
Et je goûte le miel de cette source sans trêve

Si le temps fane les plus belles fleurs du verger
La nature sait comment leurs semences faire germer
Celles qui transcendent les ans écloront toujours
Pour orner les podiums des plus beaux jours

La chronique du temps qui passe
Par sa raison un jour m'a rendu le cœur las
Mais jamais l'oubli et l'espace de l'isolement
N'ont pu un moment atténuer mon sentiment

Ton souvenir dans mon esprit
À toi mon idylle aujourd'hui je le dis
Est pour moi une immortelle source de survie
Qui a si longtemps su animer toute ma vie

Et ici et là je médite et je vis
Encore du glamour de ta personne épris
Une fleur une senteur une vision
Dans mon rêve décorant toute une illusion

Ton souvenir sur mon esprit
À un effet même de moi incompris
Tu me charmes et ta séduction m'empresse
De ma psyché cette émotion je te confesse

APHRODITE EN DO MAJEUR

Elle est la déesse
De l'amour et des caresses
Guide des ébats libidineux
Et des attouchements luxurieux

Elle souffle le son de la musique
Qui s'accorde aux désirs impudiques
Elle peint la couleur des rêves
D'une onde qui coule sans trêve

Elle joue en Do majeur
La mélodie d'un La mineur
Porte au sublime ce qui dans l'humain
Semble confondre les esprits puritains

Elle inspire comme une muse
En sa présence l'esprit s'amuse
Des saveurs de la concupiscence
Sans aucune fausse décence

BITO DAVID

Elle fait connaitre l'extrême
Des voluptés suprêmes
Un corps en ébullition
Et un membre en érection

Elle est cupide
De toutes les jouissances avides
Et ses chairs humides
De lascives caresses ne sont candides

Elle est Aphrodite
Déesse des amours interdites
De sa magie elle crée de l'ivresse
Et des phantasmes aux images enchanteresses

Elle joue en Do majeur
La mélodie d'un Re mineur
Elle est la déesse Aphrodite
Avec elle nulle volupté n'est interdite

PHANTASMES : *Aphrodite en Do Majeur*

LES MILLES AMOURS

Sophie la belle
Antonine la mirabelle
Magalie la cruelle
Toutes de belles donzelles

Stéphanie la criminelle
Judith trop émotionnelle
Caroline lanceuse de ficelles
Et Nicole une jolie gazelle

Junie et Julie les jumelles
Parmi elles
Dis-moi laquelle
Vous pensez être la plus belle

Sophonie la professionnelle
À l'action toujours fonctionnelle
Léone aux attraits naturels
Possède de si jolies prunelles

Ardy la sensuelle
S'allumant à la moindre étincelle
Pour une jouissance éventuelle
Même dans une relation virtuelle

BITO DAVID

Mirna la spirituelle
Évitant une faute même vénielle
Elle reste loin de la bagatelle
Souvent fermée dans sa chapelle

Kathy la conventionnelle
Exige une approche formelle
Et des avances graduelles
Pour une réponse conditionnelle

Elizabeth est l'intellectuelle
Qui délecte les échanges rationnels
Mais elle est très peu sensuelle
Dans les gambades sexuelles

Lucienne est une maquerelle
Reine des joies luxurieuses et charnelles
Cependant une âme sensationnelle
Qui rend la vie plus réelle

Tina est irréelle
Elle vit dans un monde superficiel
Et parfois en vraie rebelle
Elle s'érige contre le traditionnel

PHANTASMES : *Aphrodite en Do Majeur*

Capri est artificielle
Une vraie anti originelle
Elle se met dans une aquarelle
Qu'elle définit dans sa propre citadelle

Elles sont toutes des créatures naturelles
De l'existence les plus sensationnelles
Elles sont nos mille amours éternelles
Qui attisent toujours nos émotions perpétuelles

BITO DAVID

PHANTASMES : *Aphrodite en Do Majeur*

LE POÈTE DANS SES CRÉATIONS

Aussi bien que j'exprime mon art
Je communique un sentiment sans fard
Un amour un rêve une passion une folie
Les émotions qui provoquent la mélancolie

Mais la vie n'est pas aussi facile
Elle accommode les sublimes idylles
Et dans ses dimensions virtuelles
Existent des réalités inconditionnelles

Le poète dans son discours aide à vivre
De l'élixir de la vie il rend ivre
Au-delà du souci commun de l'équilibre
Il chante le bonheur et la joie d'être libre

Et il est toujours bohème
À l'image du créateur suprême
Il veut exalter les modules la vie
Muguetant la béatitude inassouvie

BITO DAVID

Et jamais il ne saurait nuire
Sinon tous on voudrait le fuir
Toutefois en s'exprimant il fait parfois peur
Inquiétant à la fois et l'esprit et le cœur

Que peut-on dire qu'il veuille de la vie
Quand il flatte quand il aime à la folie
Par de simples tours de mots il ne saurait blesser
Sinon des rêves en symbiose il veut caresser

PHANTASMES ÉROTIQUES

Je voudrais que mon mari me dise ces mots
Que son lyrisme coule aussi libre et à flot
Je voudrais te laisser prendre ma main
Et par tes écrits égayer mon lendemain

Mais tu n'es qu'un poète
Et pour toi ma passion ne peut être prête
Ma fascination à lire tes vers
Je veux la traiter comme un fait divers

Tu n'es qu'un poète une pensée vive
Ta verve pour moi ne saurait être exclusive
Sur l'essaim aguichant de tes mots de miel
Que d'abeilles me feront goûter le fiel

Tu renverses les boucliers de mon corps
Je me demande en mon cœur si j'aurais tort
Quand un jour la faiblesse de mes désirs
Me pousserait sur les rives de ton plaisir

BITO DAVID

Tu animes mes phantasmes érotiques
Ta vision me vient dans mes ébats romantiques
Provocateur du cœur persécuteur des sens
Tu es le bonheur à qui toujours je pense

Je voudrais vivre les images de tes contes
Satisfaire cette folle envie qui me monte
Mais je suis une fidèle femme mariée
Et à ma promesse mon âme est encore liée

PHANTASMES : *Aphrodite en Do Majeur*

ÉPILOGUE

UNE PAUSE POUR MES PHANTASMES PERVERS

Une pause pour mon inspiration de rêveur et de bohémien. Une pause pour laisser jaunir toutes ces fleurs qui ornaient le décor et l'environnement de ce voyage d'amour, de passion et d'enchantement. Une pause pour reprendre du souffle et calibrer mes sens.

Les fleurs de l'éden s'épanouiront à nouveau sur le podium des scènes du théâtre de la vie. Elles enjoliveront les intrigues sentimentales de l'existence humaine. Une fleur, un oiseau exotique, un papillon multicolore du mois de mai rehausseront l'éclat de la beauté de cette nature qui nous soûle chaque jour par son élixir d'émotions fortes qui souvent fait souffrir.

Les acteurs de ce théâtre continueront à jouer le jeu de la vie, le jeu de l'amour, le jeu des attractions mutuelles naturelles, les unes pudiques, les autres excentriques, mais toutes victimes fatidiques de cette maladie qui affecte le cœur à tous les âges, qu'on soit jeune ou qu'on soit vieux, qu'on soit fou, qu'on agisse de façon pieuse.

BITO DAVID

La pause ne termine pas l'histoire. Le repos atténue la fatigue afin de revigorer le corps pour de nouvelles prouesses, pour que l'esprit trouve d'autres truculentes inspirations et assoiffe son éponge pour le préparer à absorber d'autres stimulations, d'autres motivations, d'autres impulsions de la muse.

Ce sera toujours ainsi, perpétuellement, comme le calme qui vient après l'orage, la clarté d'un ciel bleu après une pluie diluvienne, le repos qui suit un travail acharné, l'épuisement après une jouissance, une pause pour concilier l'avant et l'après dans le cycle continuel des événements dans le temps et l'espace et suivant les circonstances.

Dans un concert rythmé de sons et d'images combinés, de senteurs et de saveurs confondues, de relations continues, de rapports serrés et d'idylles éphémères, précaires, précoces et parfois simplement virtuelles, la vie se manifeste dans sa forme la plus sublime. Le temps demeure la mesure de tous les moments. Il est le diapason du rythme et de la cadence de tous nos élans.

PHANTASMES : *Aphrodite en Do Majeur*

Nous cédons souvent à l'effervescence et au bouillonnement de nos sentiments. Au fil du temps et sans qu'on ait trop d'influence sur les événements, les amours naissent et meurent, les passions s'enflamment et se calment, l'onde continue à couler, l'oiseau continue à chanter, l'orage continue à gronder, le globe continue à tourner, l'étoile continue à briller, le soleil continue à éclairer la galaxie, la lune continue à filtrer ses rayons dans les entrebâillements des ténèbres de la nuit, la nature continue à nous gratifier de ces bouffées d'air pur et frais qui garantissent notre souffle, le cœur suit encore son périple de pulsations incessantes pour faire circuler à chaque moment dans nos veines un flot de sang neuf, aussi pourpre que les plus belles roses, dont le dessein est de perpétuer la vie et ses exaltations.

Après la pause l'inspiration aiguillonnera de nouveau l'esprit de l'artiste, ses sens seront encore en ébullition, sa verve fera davantage couler le lyrisme de son cœur...

... et le poète continuera à écrire et à décrire d'autres phantasmes, d'autres visions, d'autres rêves...

BITO DAVID

Collection Perledesantilles
Du même auteur

Livres Déjà Parus

- √ Ayitimanya : Tragédie Tropicale (Novembre 2009)
  Ayitimanya : Trajedi Twopikal
- √ Peines D'Une Tragédie (Janvier 2011)
  Lapenn Yon Trajedi
  Pains Of A Tragedy
- √ MANIFESTE : Défis A La Nation Haïtienne (Mars 2011)

Publication Actuelle

- **PHANTASMES** : *Aphrodite En Do Majeur*

A paraître

- SPECULATIONS
- PHANTASMES II : Les Nouvelles Floraisons
- AYITIMANYA : Les Exils De Misère
- Ti Paris : Twoubadou Nasyonal
- Bréviaire Du Patriote
- Pèsonaj Sixto Pèsonaj Ayiti
- Des Mots Et Des Pensées
- For The Family And For The Friends
- La Vie Au Quotidien
- Manno Chalmay : Loray Kale Chante Revolisyon
- Chroniques
- Pawoli Lavi An Vrak
- Haitians In The Diaspora: The Reverse Trip
- Motives For Pride: Haitians In The Diaspora

PHANTASMES : *Aphrodite en Do Majeur*

BITO DAVID

Notes Du Lecteur

PHANTASMES : *Aphrodite en Do Majeur*

Notes Du Lecteur

BITO DAVID

PHANTASMES : *Aphrodite En Do Majeur*

Ces phantasmes sont les chants du bonheur. L'expression des anagogies du cœur dans les émotions et les pulsions qu'elles provoquent et les sentiments parfois équivoques. Ce sont les phantasmes érotiques des amours fantastiques et les lignes d'expressions sublimes de ces emportements profondément intimes mais qui sont commun à nous tous humains.
.

Des hymnes à l'amour
Et aux amoureux de toujours
Aux constellations de l'euphorie érotique
Des éclairs et extases fantastiques

Aux cœurs heureux qui dans leur béatitude
Goutent la luxure de la vie dans sa plénitude
Une touche un écrit une pensée un regard
L'expression du bonheur romantique sans fard

PHANTASMES : *Aphrodite en Do Majeur*

PHANTASMES : *Aphrodite En Do Majeur*
Bito David

Collection Perledesantilles
www.bitodavid.com

ISBN-13: 978-1463745653
ISBN-10: 1463745656

Copyright 2011
Tous droits de reproduction réservés

Graphique de Couverture et Dessins : Bito David
Arrangement : Bito David & Kiskeya Publishing Co.

Juillet 2011
bitodavid@gmail.com

Made in the USA
Middletown, DE
07 May 2022

65449630R00070